Bellinha
e a lagarta Bernadete

Adeilson Salles

Bellinha
e a lagarta Bernadete

Ilustrações de L. Bandeira

Copyright © 2006 *by*
FEDERAÇÃO ESPÍRITA BRASILEIRA – FEB

3ª edição – Impressão pequenas tiragens – 4/2025

ISBN 978-85-7328-736-3

Todos os direitos reservados. Nenhuma parte desta publicação pode ser reproduzida, armazenada ou transmitida, total ou parcialmente, por quaisquer métodos ou processos, sem autorização do detentor do *copyright*.

FEDERAÇÃO ESPÍRITA BRASILEIRA – FEB
SGAN 603 – Conjunto F – Avenida L2 Norte
70830-106 – Brasília (DF) – Brasil
www.febeditora.com.br
editorial@febnet.org.br
+55 61 2101 6161

Pedidos de livros à FEB
Comercial
Tel.: (61) 2101 6161 – comercial@febnet.org.br

Adquirindo esta obra, você está colaborando com as ações de assistência e promoção social da FEB e com o Movimento Espírita na divulgação do Evangelho de Jesus à luz do Espiritismo.

Dados Internacionais de Catalogação na Publicação (CIP)
(Federação Espírita Brasileira - Biblioteca de Obras Raras)

S168b   Salles, Adeilson S. (Adeilson Silva), 1959-

       Bellinha e a lagarta Bernadete / Adeilson Salles; [Ilustrações: Lourival Bandeira de Melo Neto]. – 3. ed. – Impressão pequenas tiragens – Brasília: FEB, 2025.

       44 p.; il. color.; 25cm

       ISBN 978-85-7328-736-3

       1. Imortalidade – Literatura Infantojuvenil. 2. Morte – Literatura Infantojuvenil. 3 Vida eterna – Literatura Infantojuvenil. I. Melo Neto, Lourival Bandeira de, 1959–. II Federação Espírita Brasileira. III. Título.

                                                     CDD 028.5
                                                     CDU 087.5
                                                     CDE 81.00.00

Dedicatória

Na figura da minha neta Bellinha, que me inspirou, dedico este trabalho às sementes do amanhã: as crianças.

A família de Bellinha

Desde que nasceu, Isabella sempre foi uma menina muito irrequieta, curiosa e alegre, tudo queria aprender.

Seus pais, Bernardo e Beth, orgulhosos da sua pequena joia, não se cansavam de dizer a todos os amigos:

— Essa menina veio de encomenda.

Os avós não se cansavam de cobri-la de mimos e presentes.

Ela vivia em uma casa muito bonita, com um jardim em derredor.

O que chamava mais atenção naquele quintal era o pé de amoras, que de tão frondoso encantava a todos com suas folhas verdes e reluzentes.

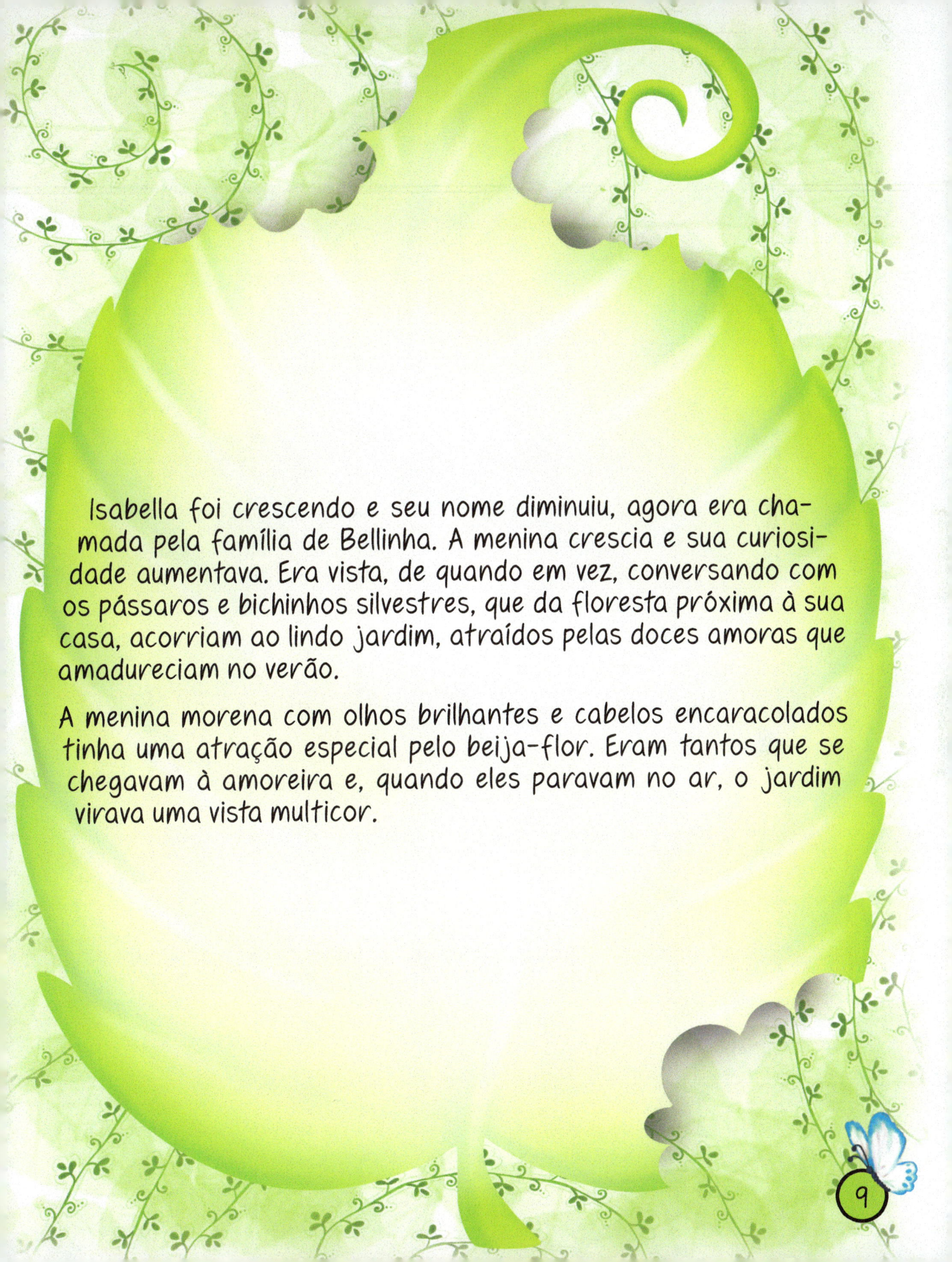

Isabella foi crescendo e seu nome diminuiu, agora era chamada pela família de Bellinha. A menina crescia e sua curiosidade aumentava. Era vista, de quando em vez, conversando com os pássaros e bichinhos silvestres, que da floresta próxima à sua casa, acorriam ao lindo jardim, atraídos pelas doces amoras que amadureciam no verão.

A menina morena com olhos brilhantes e cabelos encaracolados tinha uma atração especial pelo beija-flor. Eram tantos que se chegavam à amoreira e, quando eles paravam no ar, o jardim virava uma vista multicor.

Um dia Bellinha, como sempre curiosa, disse a seu avô Belarmino:

— Vovô, eu gostaria tanto de voar e parar no ar como o beija-flor!

Com um sorriso nos lábios, o avô, com ternura, respondeu-lhe:

— Bellinha, parar no ar não sei como fazer, mas posso lhe dar asas construindo para você um balanço.

Os olhos da menina pareceram saltar e, com alegria, disse:

— Puxa, vovô! Vou poder voar mesmo?

— Será um voo limitado, mas poderá voar.

Tomando de uma tábua, uma corda e um serrote, Belarmino, em poucos minutos, construiu um balanço para Bellinha poder voar.

Os gritos de alegria da menina eram tantos que seus pais e sua avó Benedita correram para ver o que estava acontecendo. Todos se contagiaram com a alegria da menina.

Depois de testar se a corda estava firme nos galhos da amoreira, vovô Belarmino pegou a netinha no colo e, acomodando-a com cuidado, empurrou-a para seu primeiro voo.

Com uma gargalhada, Bellinha ia e vinha, de lá pra cá, daqui pra lá, gritando de felicidade. O que os pais e avós da menina não contavam é que teriam que ficar se revezando para empurrar o balanço. E haja fôlego, ela custava a se cansar da brincadeira! Os pássaros até se acostumaram com a presença da menina e com suas gargalhadas de alegria.

A primeira tristeza de Bellinha

O tempo passou e Bellinha, agora com 7 anos, conheceu a tristeza. Belarmino, seu avozinho querido, adoeceu e, em poucos dias, morreu.

A menina curiosa e alegre agora chorava sem entender o que tinha acontecido. Triste, perguntou à sua mãe:

— Mamãe, por que meu avô morreu? O que é a morte?

Abalada pela morte do pai, dona Beth dizia:

— Seu avô foi para o céu!

— Para o céu? Fazer o quê? Deus o chamou? Por que temos que nos separar das pessoas desse jeito? E agora, como é que vou voar?

— Não fique triste, filhinha, seu avô descansou.

— Eu não sabia que para descansar precisava morrer.

Sem saber o que dizer à filha, dona Beth abraçou-a e chorou.

A menina não se conformava, perguntou ao pai, perguntou à avó.

Na escola, perguntou à professora, aos amiguinhos e nada de resposta, ninguém sabia o que dizer. Todas as tardes, quando chegava da escola, ela ia para o balanço e lá ficava recordando, recordando...

Certa noite, Bellinha estava com muitas saudades do avô e começou a chorar. Sentindo muita tristeza, adormeceu e começou a sonhar.

No sonho, ela estava caminhando em um bonito jardim com muitas amoreiras. De repente, ouviu uma voz:

— Ei, menina, não fique triste!

Enxugando as lágrimas, Bellinha parou e a voz repetiu:

— Ei, menina, não fique triste!

— Quem está falando comigo?

Ela não sabia de onde vinha aquela voz amiga. Olhava para os lados e nada.

— Psiuuu, estou aqui na amoreira!

Ela olhava para os lados e não via ninguém.

— Estou aqui!

— Aqui onde?

— Aqui nesta folha!

— Na folha?

— Sim, aproxime-se deste galho à sua direita.

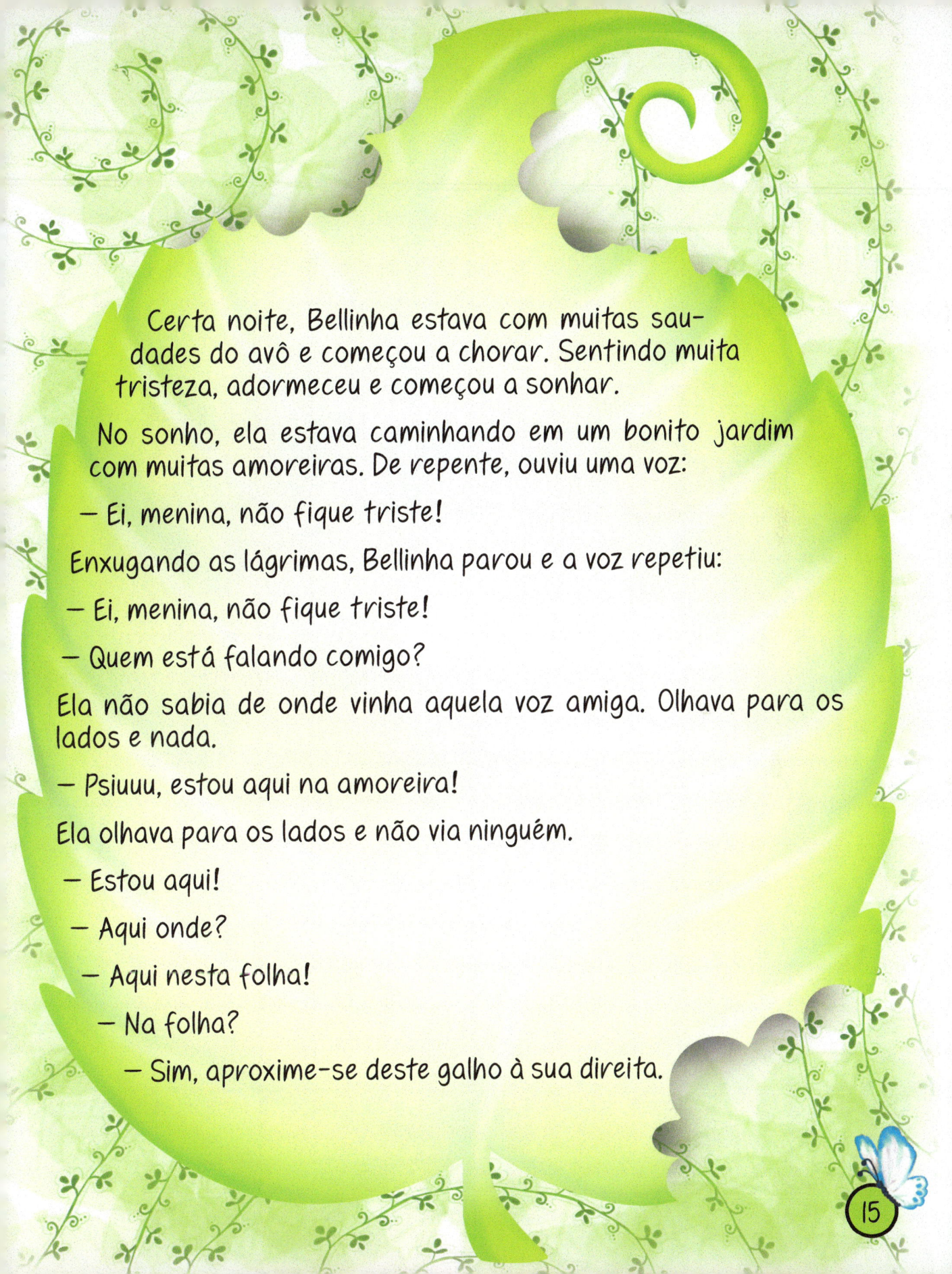

Uma nova amiga, Bernadete

Curiosa, a menina aproximou-se do galho e assustou-se:

— Mas você é uma lagarta?

— Muito prazer, chamam-me de Bernadete.

— Uma lagarta que fala?

— Falo e me orgulho muito disso.

— Uma lagarta. Ah! se meu avô Belarmino estivesse aqui! — lamentou-se.

— Espere um pouquinho — falou a lagarta, dando-se ares de importância —, sou conhecida também como bicho-da-seda. Estou em uma das fases da minha vida.

Bellinha esboçou um sorriso e perguntou:

— Fases da sua vida?

— Sim, menina, eu mudo de forma, sabia? Já fui uma larvinha de nome Berenice.

— Não, eu não sabia. Você é bem esquisitinha, Bernadete ou Berenice, que confusão!

— Cada um está na fase que merece, não é? — disse a lagartinha.
— Por que você estava chorando? Eu estava cochilando em minha folhinha macia e acordei com seus soluços.

— Estou com saudades do meu avô!

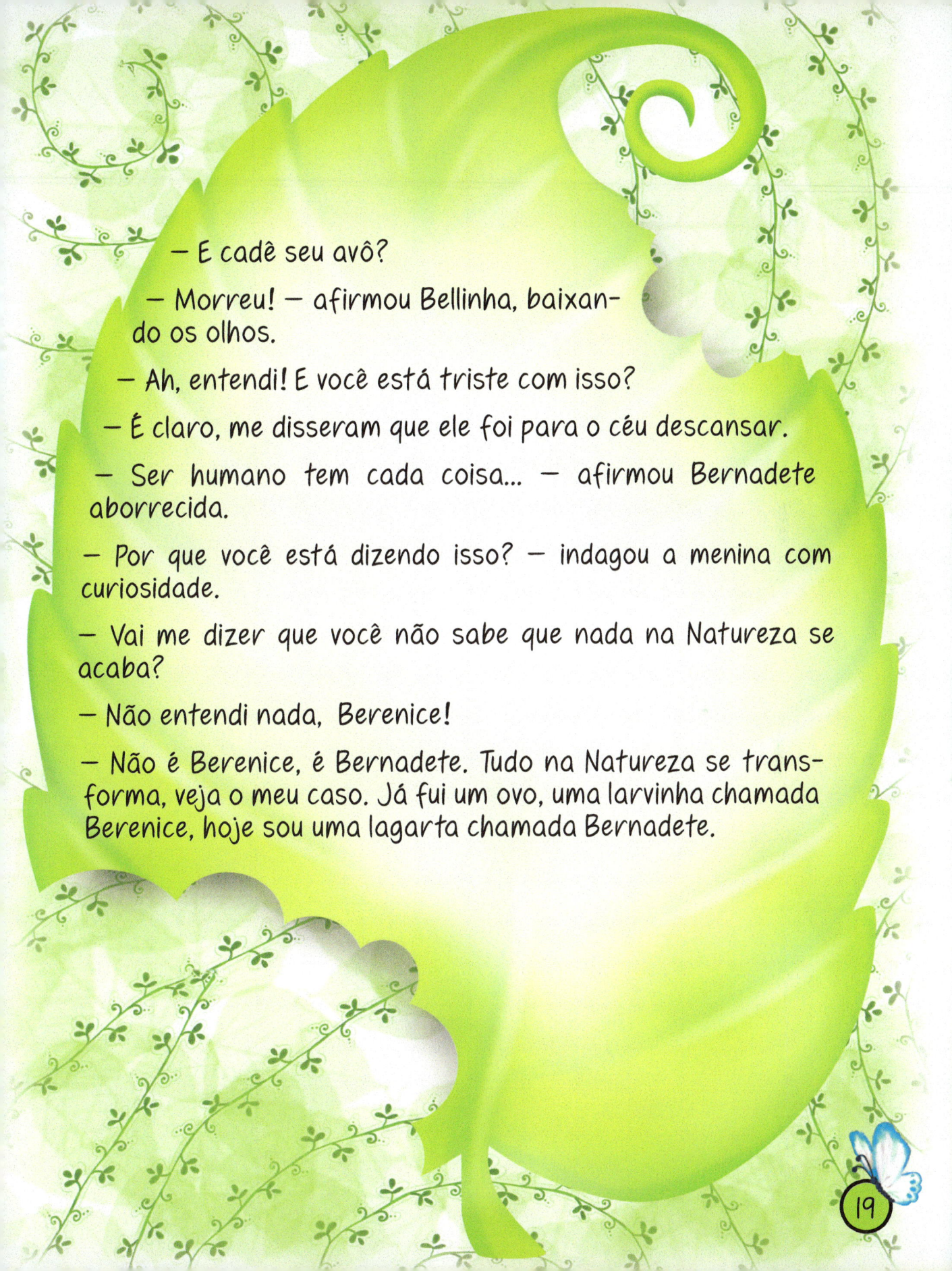

— E cadê seu avô?

— Morreu! — afirmou Bellinha, baixando os olhos.

— Ah, entendi! E você está triste com isso?

— É claro, me disseram que ele foi para o céu descansar.

— Ser humano tem cada coisa... — afirmou Bernadete aborrecida.

— Por que você está dizendo isso? — indagou a menina com curiosidade.

— Vai me dizer que você não sabe que nada na Natureza se acaba?

— Não entendi nada, Berenice!

— Não é Berenice, é Bernadete. Tudo na Natureza se transforma, veja o meu caso. Já fui um ovo, uma larvinha chamada Berenice, hoje sou uma lagarta chamada Bernadete.

As vidas de Bernadete

   Bellinha não continha a curiosidade que sua nova amiga lhe despertava. Não perdeu tempo, começou logo a perguntar:

— Berenice, explique isso direito. Você foi mais de uma? Quantas você foi?

— Lagarta tem que ter uma paciência com gente! — afirmou entediada. — Meu nome é Bernadete e não Berenice. Já fui um ovinho, nesse tempo não tive nome, me tornei uma larvinha, aí então, meu nome era Berenice. Hoje sou uma lagarta, mudei de nome e de forma, mas por dentro sou sempre a mesma, entendeu?

— Acho que estou começando a entender.

— Dê-me licença um pouquinho — pediu Bernadete educadamente e, virando-se para o lado, arrancou um naco da folhinha da amoreira e mastigou-o com prazer. E, suspirando, disse:

— Ah! que delícia essa folha fresquinha!

— Você come folhas?

— É claro, é bem mais saudável do que esses hambúrgueres que vocês comem com batata frita. Onde estávamos mesmo?

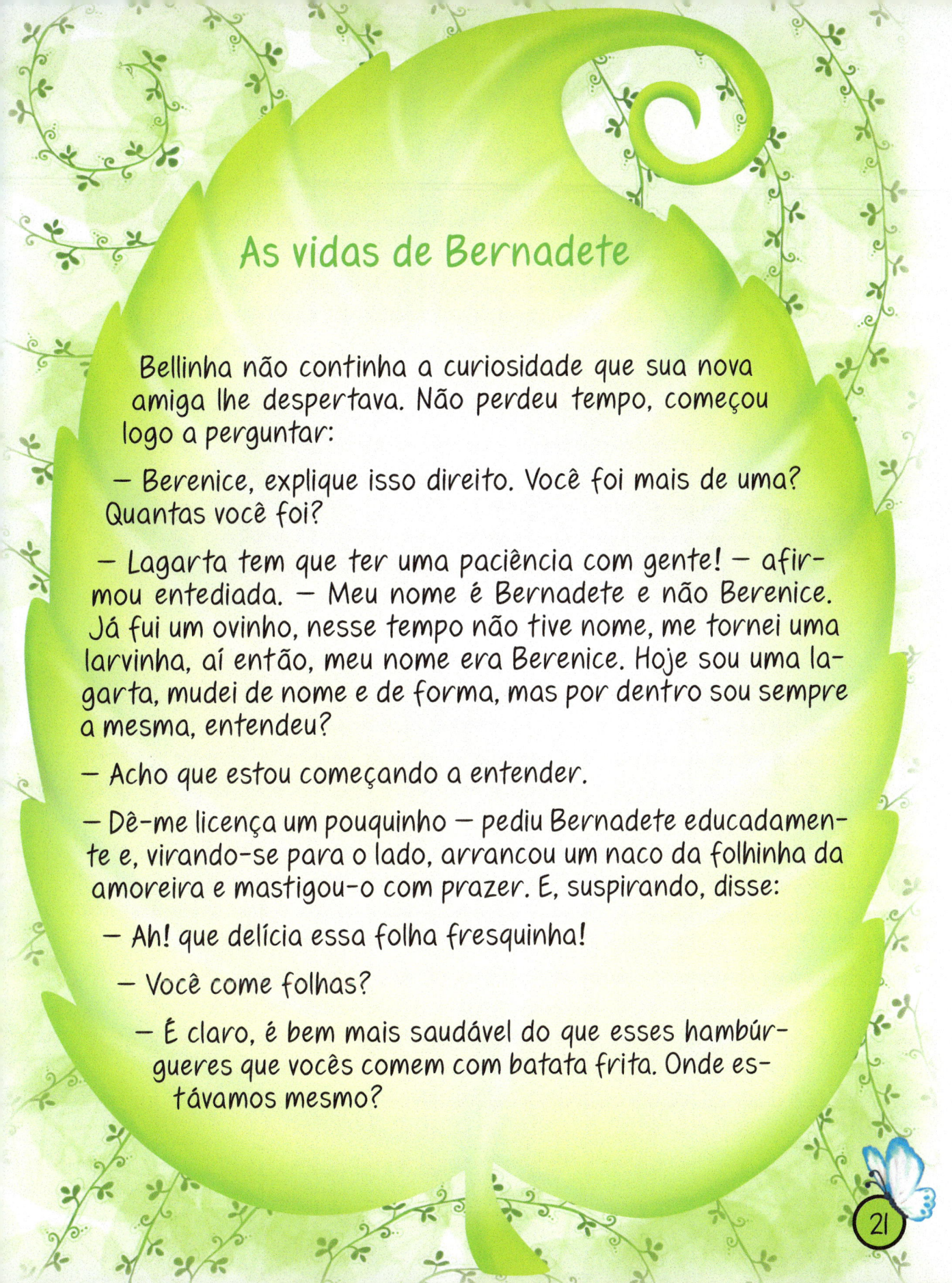

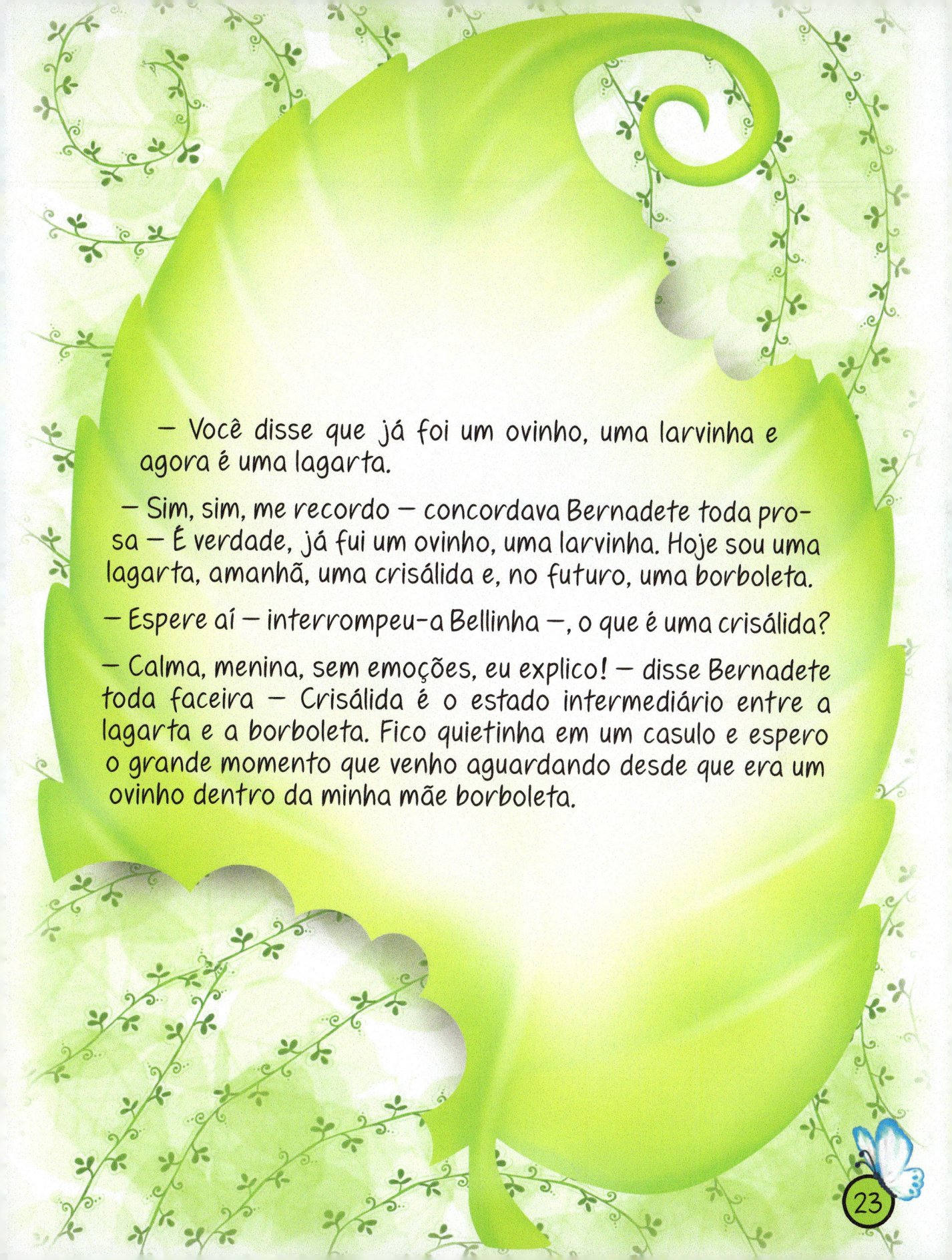

— Você disse que já foi um ovinho, uma larvinha e agora é uma lagarta.

— Sim, sim, me recordo — concordava Bernadete toda prosa — É verdade, já fui um ovinho, uma larvinha. Hoje sou uma lagarta, amanhã, uma crisálida e, no futuro, uma borboleta.

— Espere aí — interrompeu-a Bellinha —, o que é uma crisálida?

— Calma, menina, sem emoções, eu explico! — disse Bernadete toda faceira — Crisálida é o estado intermediário entre a lagarta e a borboleta. Fico quietinha em um casulo e espero o grande momento que venho aguardando desde que era um ovinho dentro da minha mãe borboleta.

— Nossa! Você vai se tornar uma borboleta?

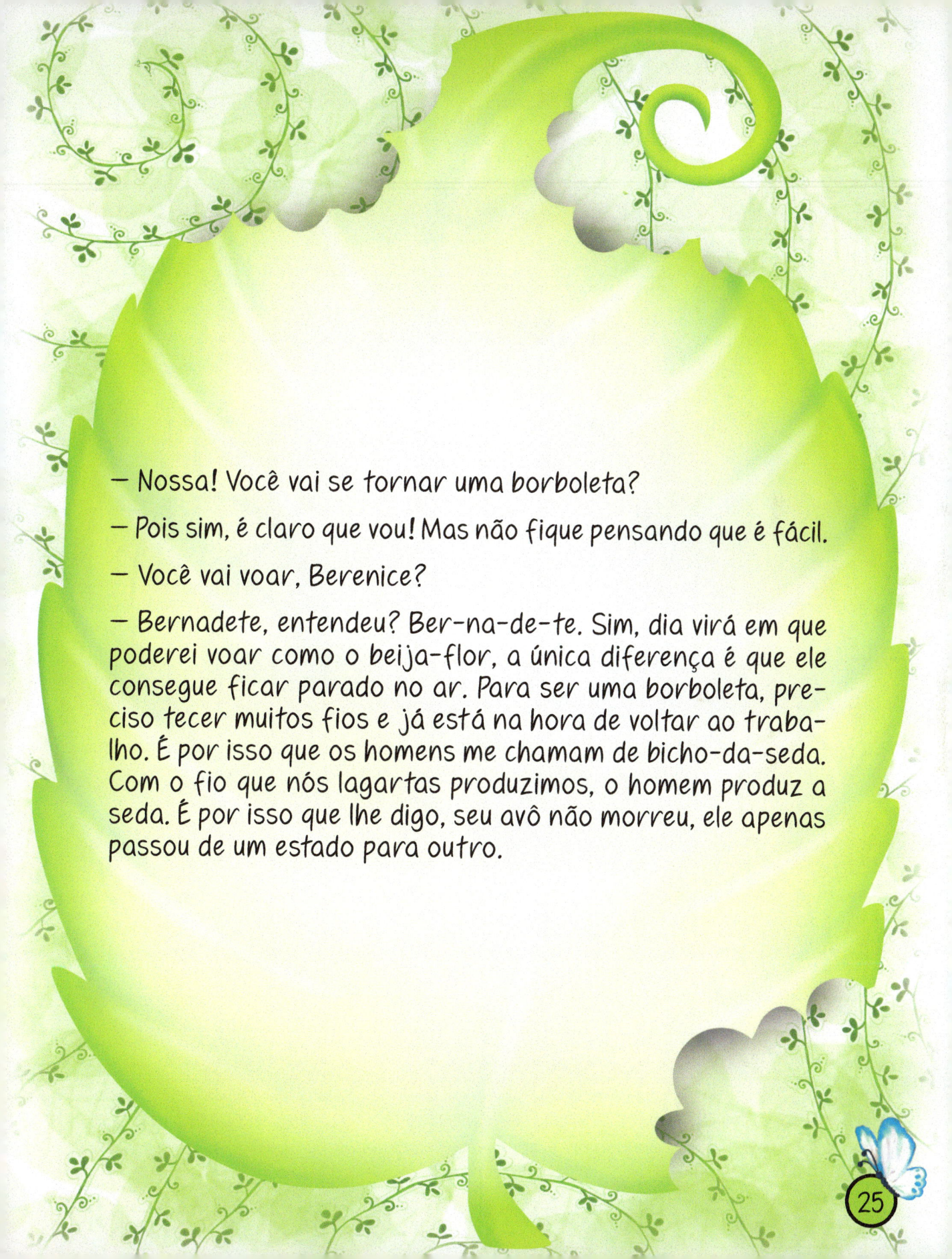

— Pois sim, é claro que vou! Mas não fique pensando que é fácil.

— Você vai voar, Berenice?

— Bernadete, entendeu? Ber-na-de-te. Sim, dia virá em que poderei voar como o beija-flor, a única diferença é que ele consegue ficar parado no ar. Para ser uma borboleta, preciso tecer muitos fios e já está na hora de voltar ao trabalho. É por isso que os homens me chamam de bicho-da-seda. Com o fio que nós lagartas produzimos, o homem produz a seda. É por isso que lhe digo, seu avô não morreu, ele apenas passou de um estado para outro.

— Ele se transformou como você?

— Sim, os homens mudam de corpos e de nomes, mas, na essência, são sempre os mesmos, evoluindo como lagarta. Precisam tecer fios invisíveis, os fios do amor, entendeu?

— Somos bichos-da-seda de duas pernas?

— É mais ou menos isso. Os homens vão evoluindo através da reencarnação. Seu avô continua vivo, mas sem o corpo que você conhecia.

— Ele não foi para o céu descansar?

— Êta, ser humano! Não se pode dar uma brechinha que ele quer logo descansar. Quando alguém se transforma, o trabalho aumenta, daqui a pouco seu avô vai virar um ovinho na barriga de alguma mulher para voltar ao mundo e tecer novos fios invisíveis do amor.

— Fios invisíveis do amor, essa é boa, Berenice!

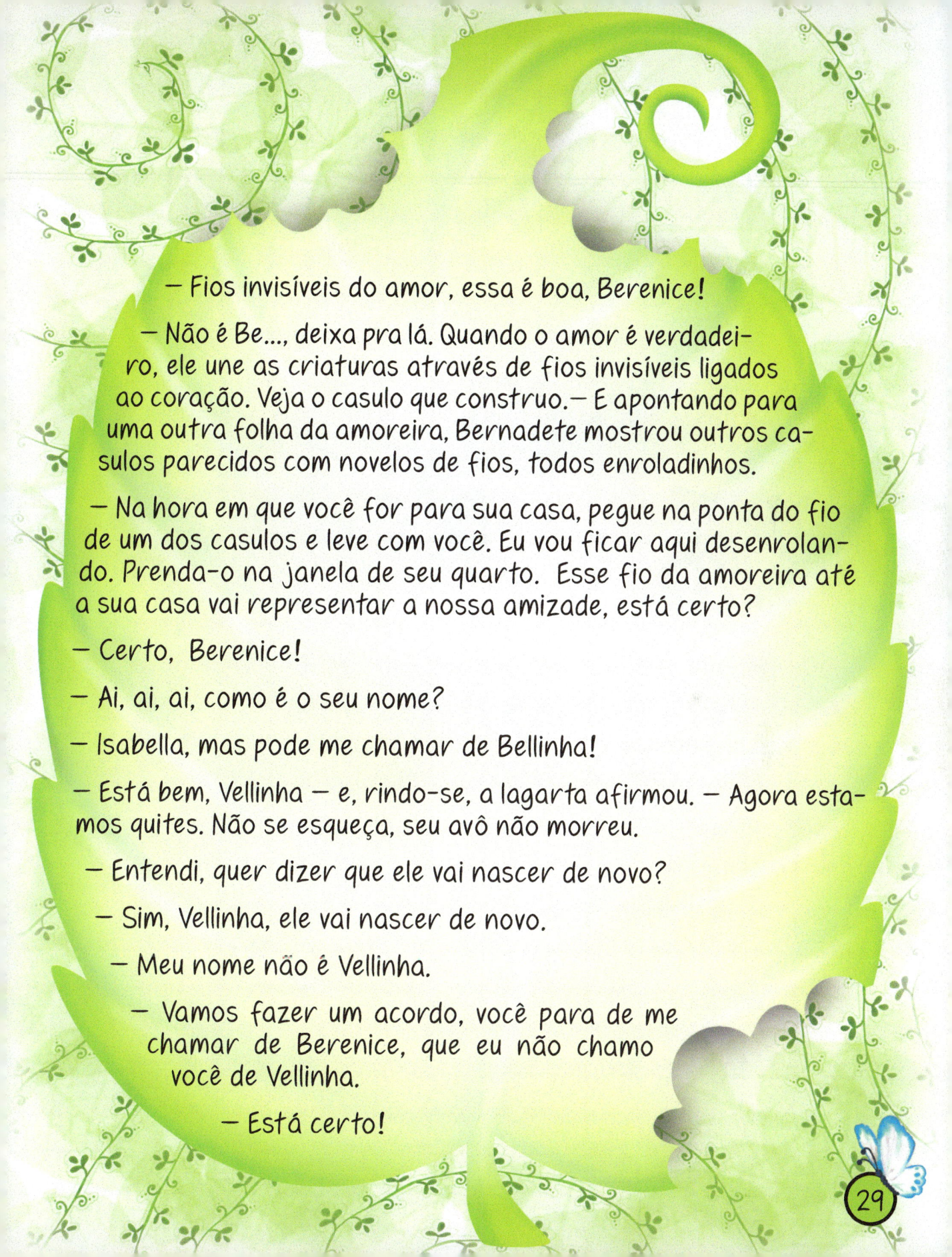

— Não é Be..., deixa pra lá. Quando o amor é verdadeiro, ele une as criaturas através de fios invisíveis ligados ao coração. Veja o casulo que construo.— E apontando para uma outra folha da amoreira, Bernadete mostrou outros casulos parecidos com novelos de fios, todos enroladinhos.

— Na hora em que você for para sua casa, pegue na ponta do fio de um dos casulos e leve com você. Eu vou ficar aqui desenrolando. Prenda-o na janela de seu quarto. Esse fio da amoreira até a sua casa vai representar a nossa amizade, está certo?

— Certo, Berenice!

— Ai, ai, ai, como é o seu nome?

— Isabella, mas pode me chamar de Bellinha!

— Está bem, Vellinha — e, rindo-se, a lagarta afirmou. — Agora estamos quites. Não se esqueça, seu avô não morreu.

— Entendi, quer dizer que ele vai nascer de novo?

— Sim, Vellinha, ele vai nascer de novo.

— Meu nome não é Vellinha.

— Vamos fazer um acordo, você para de me chamar de Berenice, que eu não chamo você de Vellinha.

— Está certo!

O voo de Berenice, quer dizer, Bernadete

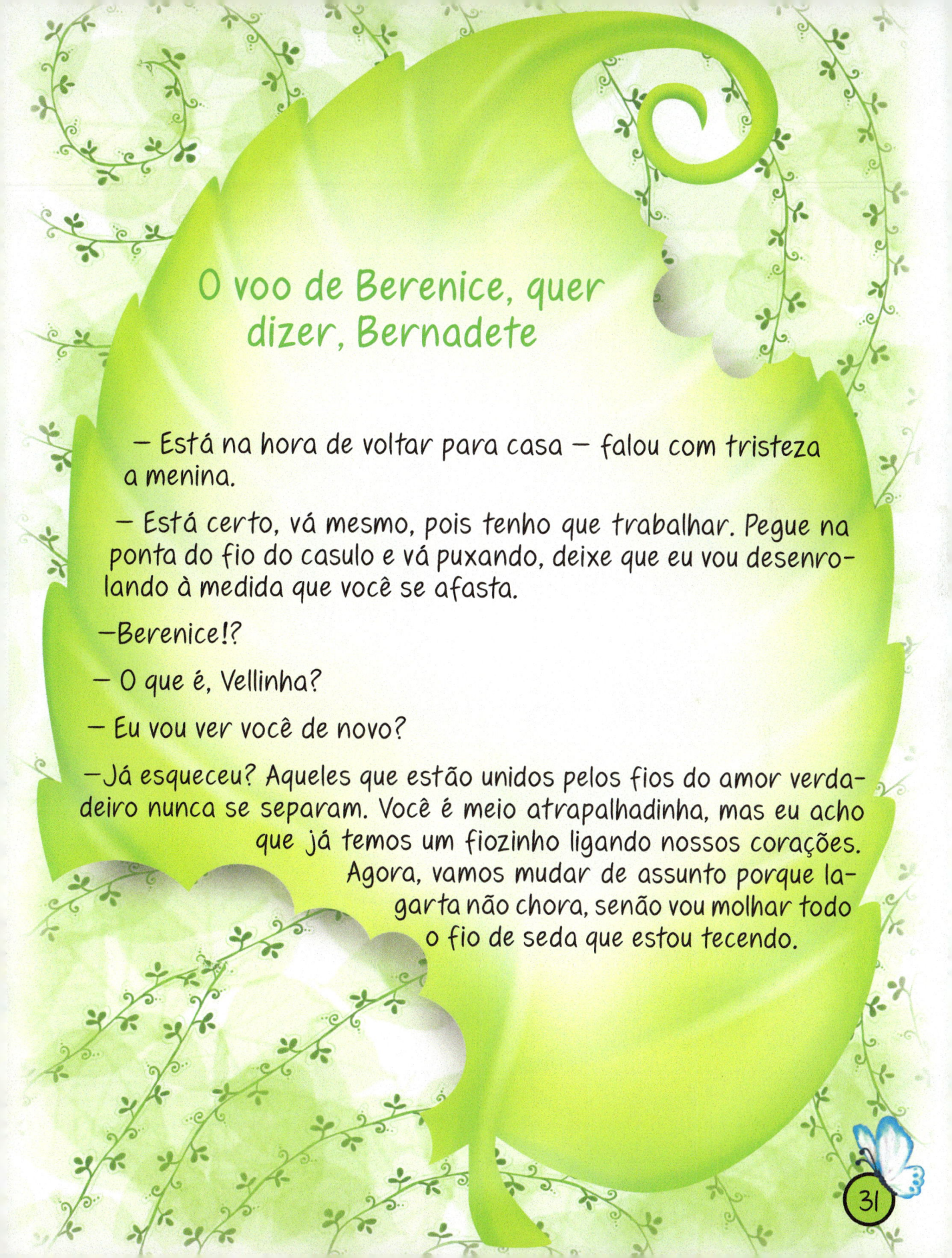

— Está na hora de voltar para casa — falou com tristeza a menina.

— Está certo, vá mesmo, pois tenho que trabalhar. Pegue na ponta do fio do casulo e vá puxando, deixe que eu vou desenrolando à medida que você se afasta.

—Berenice!?

— O que é, Vellinha?

— Eu vou ver você de novo?

—Já esqueceu? Aqueles que estão unidos pelos fios do amor verdadeiro nunca se separam. Você é meio atrapalhadinha, mas eu acho que já temos um fiozinho ligando nossos corações. Agora, vamos mudar de assunto porque lagarta não chora, senão vou molhar todo o fio de seda que estou tecendo.

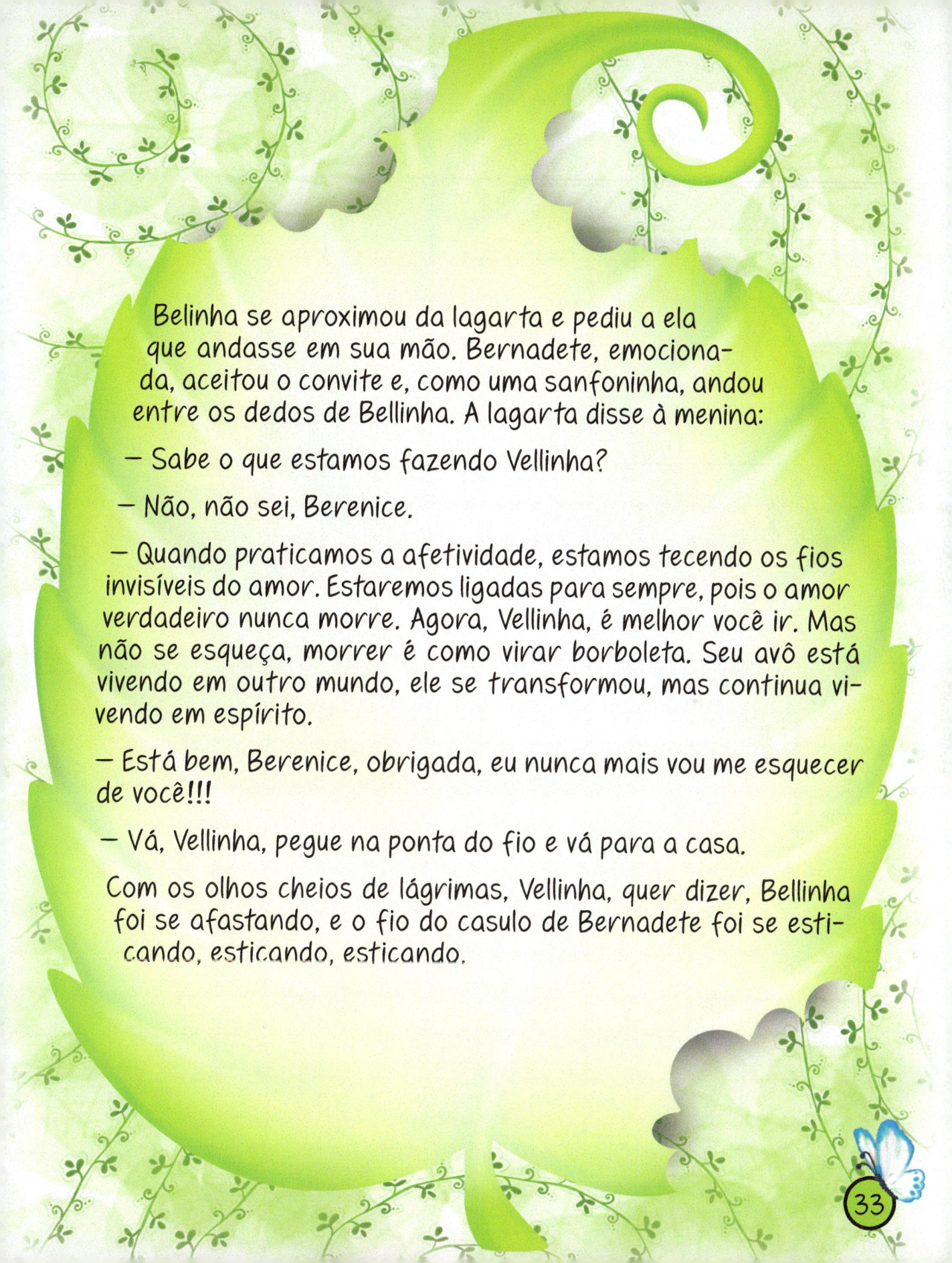

Belinha se aproximou da lagarta e pediu a ela que andasse em sua mão. Bernadete, emocionada, aceitou o convite e, como uma sanfoninha, andou entre os dedos de Bellinha. A lagarta disse à menina:

— Sabe o que estamos fazendo Vellinha?

— Não, não sei, Berenice.

— Quando praticamos a afetividade, estamos tecendo os fios invisíveis do amor. Estaremos ligadas para sempre, pois o amor verdadeiro nunca morre. Agora, Vellinha, é melhor você ir. Mas não se esqueça, morrer é como virar borboleta. Seu avô está vivendo em outro mundo, ele se transformou, mas continua vivendo em espírito.

— Está bem, Berenice, obrigada, eu nunca mais vou me esquecer de você!!!

— Vá, Vellinha, pegue na ponta do fio e vá para a casa.

Com os olhos cheios de lágrimas, Vellinha, quer dizer, Bellinha foi se afastando, e o fio do casulo de Bernadete foi se esticando, esticando, esticando.

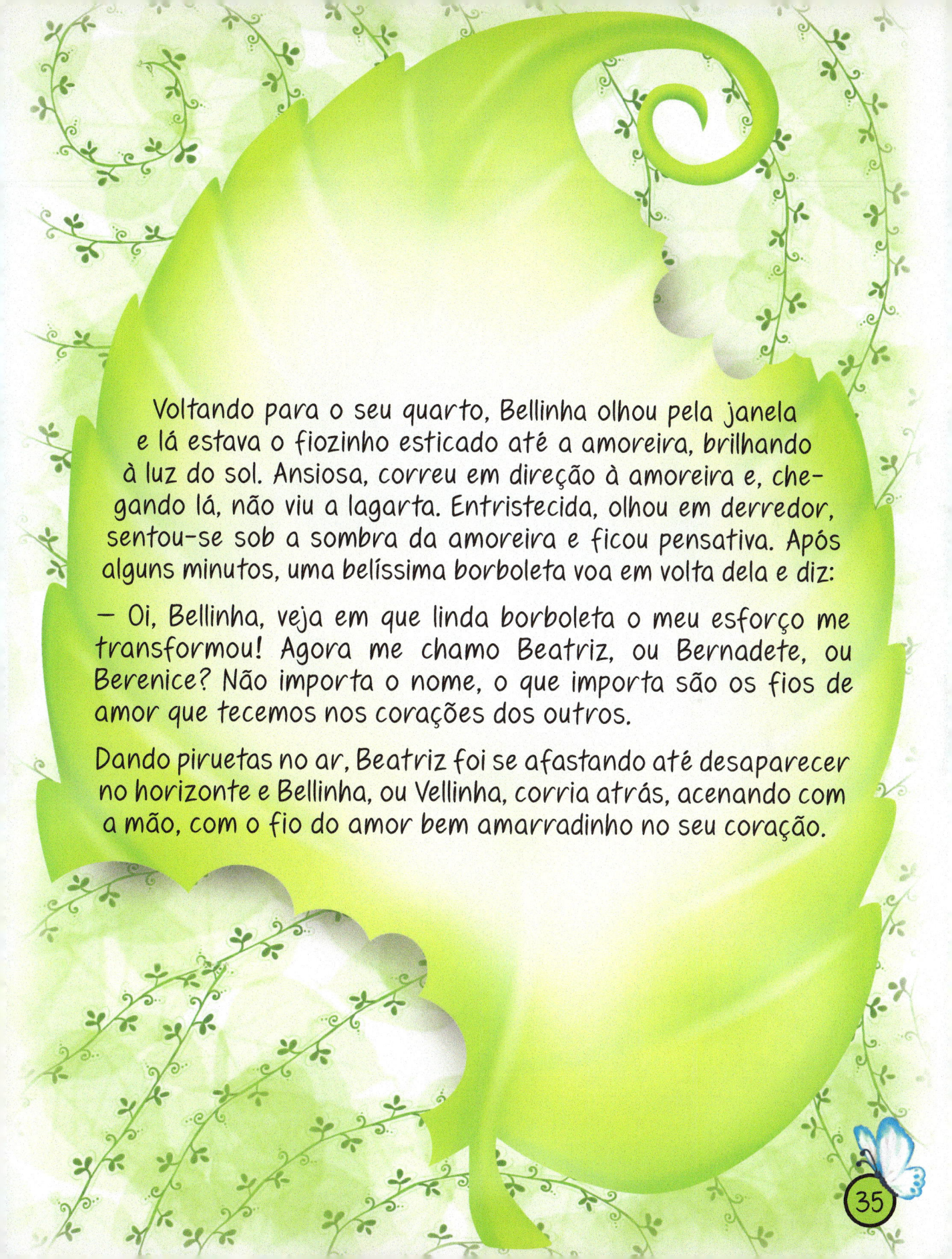

Voltando para o seu quarto, Bellinha olhou pela janela e lá estava o fiozinho esticado até a amoreira, brilhando à luz do sol. Ansiosa, correu em direção à amoreira e, chegando lá, não viu a lagarta. Entristecida, olhou em derredor, sentou-se sob a sombra da amoreira e ficou pensativa. Após alguns minutos, uma belíssima borboleta voa em volta dela e diz:

— Oi, Bellinha, veja em que linda borboleta o meu esforço me transformou! Agora me chamo Beatriz, ou Bernadete, ou Berenice? Não importa o nome, o que importa são os fios de amor que tecemos nos corações dos outros.

Dando piruetas no ar, Beatriz foi se afastando até desaparecer no horizonte e Bellinha, ou Vellinha, corria atrás, acenando com a mão, com o fio do amor bem amarradinho no seu coração.

Pela manhã, Belinha despertou recordando-se do bonito sonho que tivera. Em seu coração, guardava a certeza de que seu avô prosseguia vivo e de que um dia eles iriam se encontrar.

EDIÇÃO	IMPRESSÃO	ANO	TIRAGEM	FORMATO
1	1	2006	3.000	18x26
2	1	2007	5.000	18x26
2	2	2010	2.000	18x26
2	3	2011	2.000	18x26
3	1	2013	2.000	20x25
3	2	2016	1.000	20x25
3	3	2020	100	20x25
3	IPT*	2022	100	20x25
3	IPT	2023	50	20x25
3	IPT	2023	50	20x25
3	IPT	2024	60	20x25
3	IPT	2025	50	20x25

*Impressão pequenas tiragens

O QUE É ESPIRITISMO?

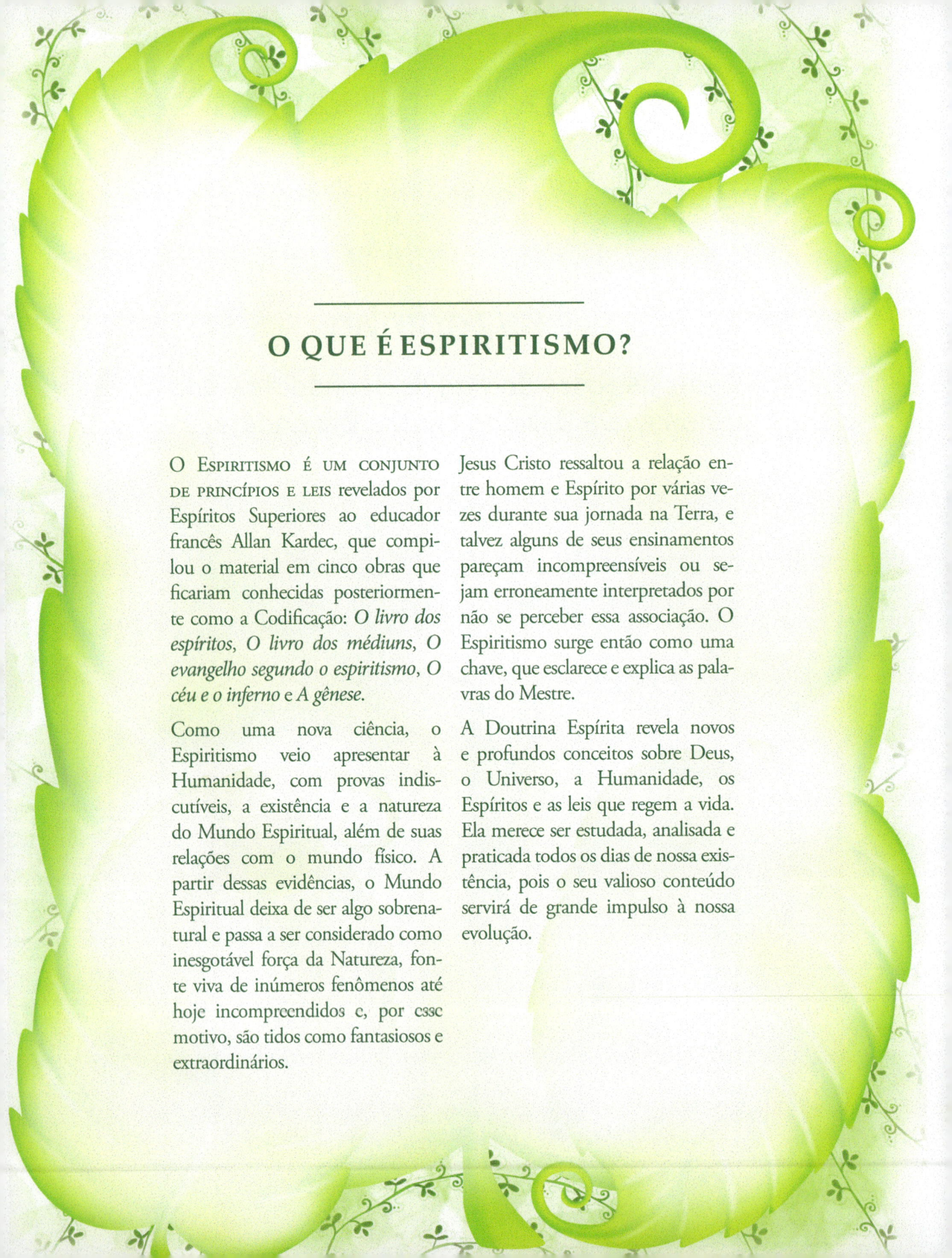

O Espiritismo é um conjunto de princípios e leis revelados por Espíritos Superiores ao educador francês Allan Kardec, que compilou o material em cinco obras que ficariam conhecidas posteriormente como a Codificação: *O livro dos espíritos*, *O livro dos médiuns*, *O evangelho segundo o espiritismo*, *O céu e o inferno* e *A gênese*.

Como uma nova ciência, o Espiritismo veio apresentar à Humanidade, com provas indiscutíveis, a existência e a natureza do Mundo Espiritual, além de suas relações com o mundo físico. A partir dessas evidências, o Mundo Espiritual deixa de ser algo sobrenatural e passa a ser considerado como inesgotável força da Natureza, fonte viva de inúmeros fenômenos até hoje incompreendidos e, por esse motivo, são tidos como fantasiosos e extraordinários.

Jesus Cristo ressaltou a relação entre homem e Espírito por várias vezes durante sua jornada na Terra, e talvez alguns de seus ensinamentos pareçam incompreensíveis ou sejam erroneamente interpretados por não se perceber essa associação. O Espiritismo surge então como uma chave, que esclarece e explica as palavras do Mestre.

A Doutrina Espírita revela novos e profundos conceitos sobre Deus, o Universo, a Humanidade, os Espíritos e as leis que regem a vida. Ela merece ser estudada, analisada e praticada todos os dias de nossa existência, pois o seu valioso conteúdo servirá de grande impulso à nossa evolução.

LITERATURA ESPÍRITA

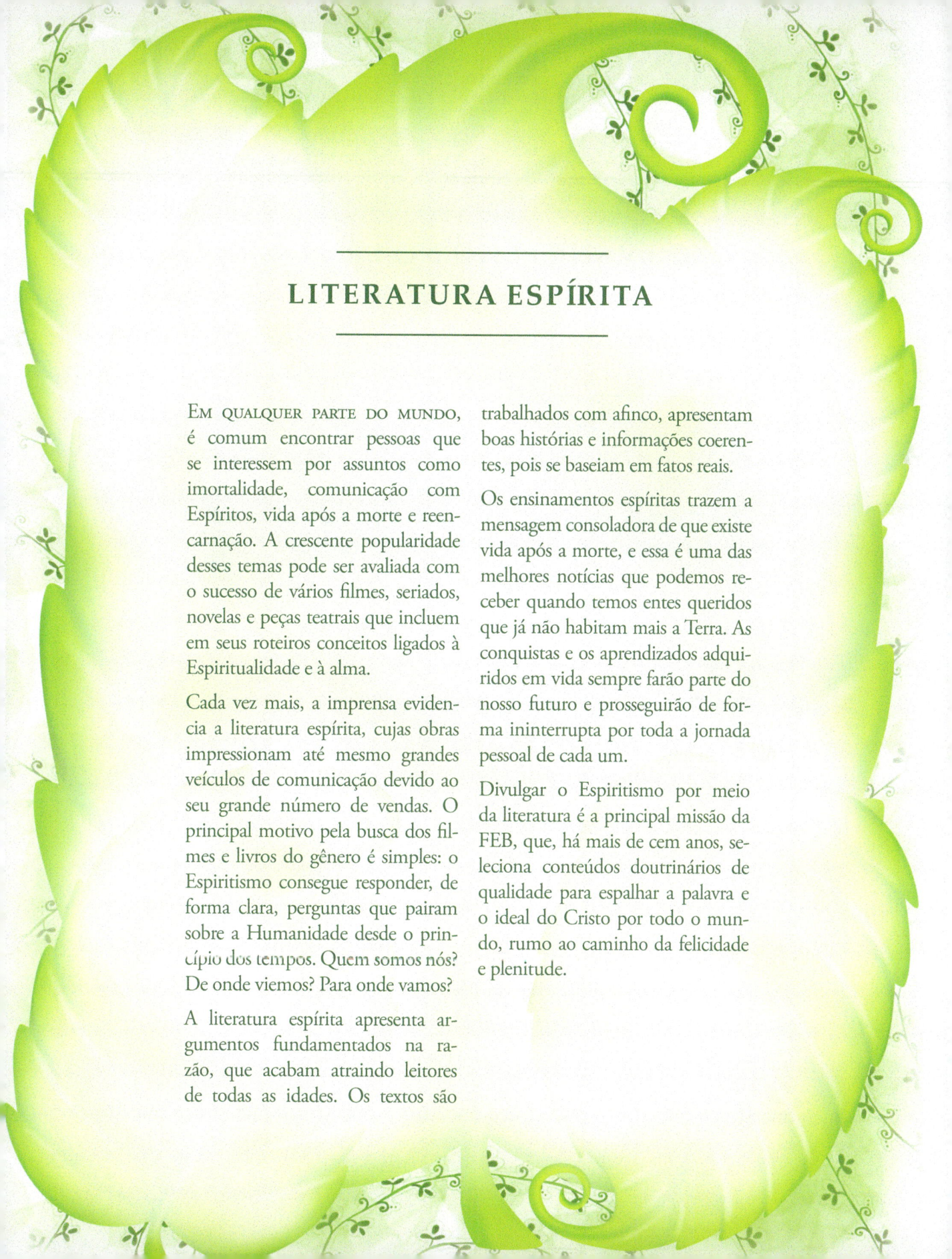

Em qualquer parte do mundo, é comum encontrar pessoas que se interessem por assuntos como imortalidade, comunicação com Espíritos, vida após a morte e reencarnação. A crescente popularidade desses temas pode ser avaliada com o sucesso de vários filmes, seriados, novelas e peças teatrais que incluem em seus roteiros conceitos ligados à Espiritualidade e à alma.

Cada vez mais, a imprensa evidencia a literatura espírita, cujas obras impressionam até mesmo grandes veículos de comunicação devido ao seu grande número de vendas. O principal motivo pela busca dos filmes e livros do gênero é simples: o Espiritismo consegue responder, de forma clara, perguntas que pairam sobre a Humanidade desde o princípio dos tempos. Quem somos nós? De onde viemos? Para onde vamos?

A literatura espírita apresenta argumentos fundamentados na razão, que acabam atraindo leitores de todas as idades. Os textos são trabalhados com afinco, apresentam boas histórias e informações coerentes, pois se baseiam em fatos reais.

Os ensinamentos espíritas trazem a mensagem consoladora de que existe vida após a morte, e essa é uma das melhores notícias que podemos receber quando temos entes queridos que já não habitam mais a Terra. As conquistas e os aprendizados adquiridos em vida sempre farão parte do nosso futuro e prosseguirão de forma ininterrupta por toda a jornada pessoal de cada um.

Divulgar o Espiritismo por meio da literatura é a principal missão da FEB, que, há mais de cem anos, seleciona conteúdos doutrinários de qualidade para espalhar a palavra e o ideal do Cristo por todo o mundo, rumo ao caminho da felicidade e plenitude.

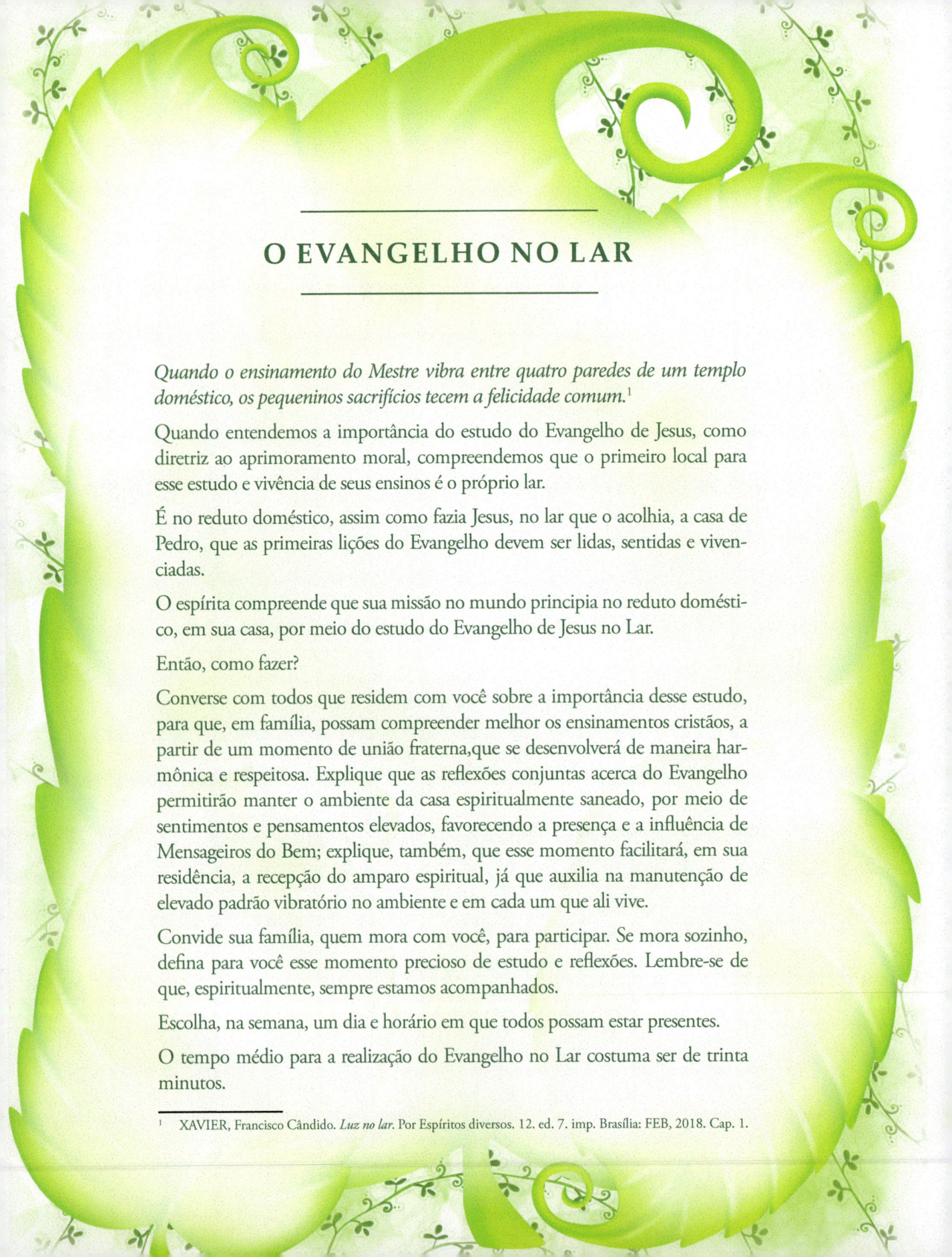

O EVANGELHO NO LAR

Quando o ensinamento do Mestre vibra entre quatro paredes de um templo doméstico, os pequeninos sacrifícios tecem a felicidade comum.[1]

Quando entendemos a importância do estudo do Evangelho de Jesus, como diretriz ao aprimoramento moral, compreendemos que o primeiro local para esse estudo e vivência de seus ensinos é o próprio lar.

É no reduto doméstico, assim como fazia Jesus, no lar que o acolhia, a casa de Pedro, que as primeiras lições do Evangelho devem ser lidas, sentidas e vivenciadas.

O espírita compreende que sua missão no mundo principia no reduto doméstico, em sua casa, por meio do estudo do Evangelho de Jesus no Lar.

Então, como fazer?

Converse com todos que residem com você sobre a importância desse estudo, para que, em família, possam compreender melhor os ensinamentos cristãos, a partir de um momento de união fraterna, que se desenvolverá de maneira harmônica e respeitosa. Explique que as reflexões conjuntas acerca do Evangelho permitirão manter o ambiente da casa espiritualmente saneado, por meio de sentimentos e pensamentos elevados, favorecendo a presença e a influência de Mensageiros do Bem; explique, também, que esse momento facilitará, em sua residência, a recepção do amparo espiritual, já que auxilia na manutenção de elevado padrão vibratório no ambiente e em cada um que ali vive.

Convide sua família, quem mora com você, para participar. Se mora sozinho, defina para você esse momento precioso de estudo e reflexões. Lembre-se de que, espiritualmente, sempre estamos acompanhados.

Escolha, na semana, um dia e horário em que todos possam estar presentes.

O tempo médio para a realização do Evangelho no Lar costuma ser de trinta minutos.

---

[1] XAVIER, Francisco Cândido. *Luz no lar*. Por Espíritos diversos. 12. ed. 7. imp. Brasília: FEB, 2018. Cap. 1.

As crianças são bem-vindas e, se houver visitantes em casa, eles também podem ser convidados a participar. Se não forem espíritas, apenas explique a eles a finalidade e importância daquele momento.

O seguinte roteiro pode ser utilizado como sugestão:

1. Preparação: leitura de mensagem breve, sem comentários;
2. Início: prece simples e espontânea;
3. Leitura: *O evangelho segundo o espiritismo* (um ou dois itens, por estudo, desde o prefácio);
4. Comentários: breves, com a participação dos presentes, evidenciando o ensino moral aplicado às situações do dia a dia;
5. Vibrações: pela fraternidade, paz e pelo equilíbrio entre os povos; pelos governantes; pela vivência do Evangelho de Jesus em todos os lares; pelo próprio lar...
6. Pedidos: por amigos, parentes, pessoas que estão necessitando de ajuda...
7. Encerramento: prece simples, sincera, agradecendo a Deus, a Jesus, aos amigos espirituais.

As seguintes obras podem ser utilizadas nesse momento tão especial:

- *O evangelho segundo o espiritismo,* como obra básica;
- *Caminho, verdade e vida; Pão nosso; Vinha de luz; Fonte viva; Agenda cristã.*

Esse momento no lar não se trata de reunião mediúnica e, portanto, qualquer ideia advinda pela via da intuição deve permanecer como comentário geral, a ser dito de maneira simples, no momento oportuno.

No estudo do Evangelho de Jesus no Lar, a fé e a perseverança são diretrizes ao aprimoramento moral de todos os envolvidos.

Conselho Editorial:
Carlos Roberto Campetti
Cirne Ferreira de Araújo
Evandro Noleto Bezerra
Geraldo Campetti Sobrinho – Coord. Editorial
Jorge Godinho Barreto Nery – Presidente
Maria de Lourdes Pereira de Oliveira
Miriam Lúcia Herrera Masotti Dusi

Produção Editorial:
Elizabete de Jesus Moreira

Revisão:
Elizabete de Jesus Moreira
Lígia Dib Carneiro

Capa, Projeto Gráfico e Ilustrações:
Lourival Bandeira de Melo Neto

Diagramação:
Isis F. de Albuquerque Cavalcante

Normalização Técnica:
Biblioteca de Obras Raras e Documentos Patrimoniais do Livro

Esta edição foi impressa no sistema de Impressão pequenas tiragens, todos em formato fechado de 200 x 250 mm. Os papéis utilizados foram o Couche fosco 90 g /m² para o miolo e o Cartão 250 g /m² para a capa. O texto principal foi composto em fonte Fenario16/15 e os títulos em Gill Sans Ultra Bold 85/70. Impresso no Brasil. *Presita en Brazilo.*